LA LECHE LEAGUE INTERNATIONAL

Sabiduría materna
101 consejos para la nueva mamá

de ALICE BOLSTER

LA LECHE LEAGUE INTERNATIONAL
SCHAUMBURG, ILLINOIS USA

Edición en español traducida de la edición de junio 1997 MOTHERWISE
©1997 La Leche League International, Inc.

Traducido por Cecilia Vallejo

Publicado por La Leche League International

©1999 La Leche League International
All Rights Reserved
Printed in the U.S.A.
ISBN 0-912500-57-3
Library of Congress 99-63633

Cover photo by David C. Arendt
Book and cover design, Digital Concepts, L.L.C.

La Leche League International
1400 N. Meacham Road
Schaumburg, Il 60173-4840 USA
www.lalecheleague.org

Dedico este libro a mi esposo Bob,
quien siempre ha estado a mi lado con su
sabiduría, apoyo, alegría y consejos; y a mis
hijos Max y Rhodes, quienes me han
enseñado a ser mamá y me han dado más
alegrías y satisfacciones que las que jamás
hubiera podido imaginar.

Querida nueva mamá:

No existe nadie como tú en la vida de tu bebé. Puedes verlo en sus ojitos cuando te mira. Puedes verlo cuando se duerme en tus brazos. Tú eres la persona que podrá animarlo cuando se sienta triste. Eres la persona más importante en su vida. Nadie jamás será capaz de amarlo como tú y nadie será capaz de conocerlo tanto como tú.

Nadie mejor que tú sabe lo que es mejor para tu bebé, aunque durante las primeras semanas no te sentirás segura de ello. Todas las mamás primerizas están llenas de dudas y preguntas.

Es por eso que he escrito este libro. Está lleno del tipo de aliento y apoyo que para mí fue de tanta ayuda a la hora de criar a mis dos hijos. El mejor consejo que puse en práctica fue hacer lo que ya existía en mi corazón. Toma las sugerencias que te sirvan a ti. *Tú* sabes lo que es mejor para *tu* bebé. Confía en ti. Todas las respuestas están dentro de ti. Eres la persona que sabe más.

Consejo #1

Ser una buena mamá a veces es duro y
a veces es maravilloso pero siempre será
algo que valga la pena.

Consejo #2

Cultiva la amistad de aquellas mamás cuyas palabras lleguen a tu corazón. Establece con ellas una relación de mutuo apoyo.

Consejo #3

No permitas que la gente te persuada de algo que vaya en contra de lo que te dicta tu corazón. Si sientes que el consejo no es correcto, probablemente es un mal consejo. No lo tomes.

Consejo #4

Disfruta cada momento que estés con tu bebé. Estos pasarán más rápido de lo que te imaginas.

Consejo #5

Tú conoces a tu bebé mejor que nadie.
No temas actuar basándote en tu
conocimiento. Confía en ti.

5

Consejo #6

Durante las primeras semanas no esperes poder hacerlo todo. Si logras cepillarte los dientes y tomar una ducha, habrás tenido un buen día.

Consejo #7

Observa al bebé en lugar del reloj. Tu bebé tendrá su propio ritmo de adaptación mientras aprende a vivir en nuestro mundo. Es mucho más fácil si te mantienes flexible y eres tú la que se adapta a su horario.

7

Consejo #8

Todas las respuestas están dentro de ti.
Tus instintos te guiarán correctamente.

Consejo #9

Prioridad a las personas antes que a las cosas.
No importa que tu casa sea un completo
desorden si estás cuidando a tu bebé.

Consejo #10

Tu activa y atenta participación en el nacimiento de tu bebé te ayudará a tener un gran comienzo.

Consejo #11

Cuando tu bebé llora, *no* está tratando de manipularte, está manifestándote una necesidad que debe ser atendida. ¿Tendrá hambre? Aún si recién lo has amamantado, colócalo de nuevo al pecho. ¿Estará mojado? ¿Tendrá mucho calor o mucho frío? ¿Necesitará que

(continúa)

11

lo cambien de posición? ¿Necesitará que lo cambien de ambiente? ¿Necesitará eruptar? ¿Necesitará obrar? ¿Necesitará que lo tomen en brazos y que lo paseen o que lo mezan o lo tranquilicen? Cuando llegues al final de la lista, repásala una vez más.

Consejo #12

La familia es importante y tener hijos es algo muy valioso. Tú estás haciendo algo maravilloso al ser una buena mamá.

Consejo #13

Recuerda que los consejos que recibas de
tus amistades o del doctor bien pueden
funcionar con otros bebés pero no
necesariamente con el tuyo.

14

Consejo #14

No temas luchar por los derechos de tu bebé.
...él está contando con tu protección y
cuidado.

Consejo #15

Por supuesto que los bebés son seres
dependientes. Necesitan que se les alimente,
que se les cubra cuando tienen frío, o que
se les cambie de posición cuando estén

(continúa)

incómodos y tienen solamente una manera de hacer notar cualquier necesidad. Para ellos su madre es la clave para su sobrevivencia. *Por supuesto* que se pondrán nerviosos cuando ella no esté.

Consejo #16

Preocúpate de atender una necesidad en el momento apropiado y ésta no aparecerá cuando no sea el momento adecuado.

18

Consejo #17

Tu vida nunca será igual que antes,
pero eso no es tan malo.

Consejo #18

Una vez en casa y durante las primeras
semanas, usa tu bata como vestimenta diaria.
Esto abstendrá a las bien intencionadas visitas
de quedarse por demasiado tiempo.

20

Consejo #19

¿Existirá algo más preciado y maravilloso que
la primera visión de tu bebé recién nacido?

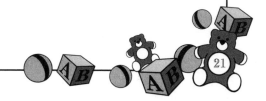

Consejo #20

El estómago de un bebé es del tamaño de una pelota de golf o de su puño. Por supuesto que parece que se pasa todo el tiempo comiendo. En cinco meses debe doblar el peso con el que nació. ¿Te imaginas cuánto tendrías tú que comer para hacer lo mismo?

Consejo #21

El momento de amamantar a tu bebé es un
momento para relajarse, disfrutar y olvidarse
del resto del mundo.

23

Consejo #22

Un bebé recién nacido reconocerá
inmediatamente a su madre a través de
la vista y del olfato y a partir de ese momento
no querrá ninguna sustituta.

24

Consejo #23

Si por causa de tu bebé llegas tarde a alguna parte, ¿qué mejor razón podrías tener?

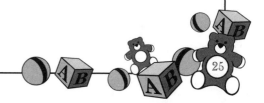

Consejo #24

Algunas veces pareciera que los bebés lloran demasiado. Date cuenta de que tu bebé tiene un profundo deseo de vivir y su perseverancia para lograr que sus necesidades sean satisfechas es una habilidad innata de supervivencia.

(continúa)

26

Tu trabajo consiste en averiguar lo que necesita tu bebé y satisfacer esas necesidades. Ver las cosas de esta manera puede darte una nueva perspectiva de la situación y evitará que te sientas frustrada.

Consejo #25

La maternidad tiene el mejor comienzo
cuando desde el nacimiento del bebé la madre
tiene un temprano y prolongado contacto con
él. Es un buen momento para comenzar a
conocerse como madre e hijo ¡aún si luces
como un guiñapo!

Consejo #26

Cuando amamantas a tu bebé, no sólo
lo estás "alimentando," también lo estás
confortando y amando.

Consejo #27

La mayoría de los bebés no duermen durante la noche, así que ¡no esperes que el tuyo lo haga! Disfruta los tranquilos momentos en la oscuridad cuando tú y tu bebé son los únicos despiertos en casa.

Consejo #28

Responde a tu bebé intuitivamente y sin restricciones. Serás una madre que está en sintonía con su bebé. Esta compenetración hará las cosas más fáciles durante la infancia y la niñez.

Consejo #29

Para un bebé, querer y necesitar es lo mismo.
Aprende a ser sensible a las necesidades
propias de tu bebé. No está tratando de
manipularte, te *necesita*.

Consejo #30

La maternidad no es algo que puedas
aprender de un libro, ¡ni siquiera de éste!

Consejo #31

Si consigues que alguien te ayude a cuidar a tu niño (o niños) presta atención a cómo esa persona reacciona con tu bebé. La mejor calificación es el tener una actitud cariñosa.

34

Consejo #32

Nunca se sabe qué tipo de bebé se va a tener.
Permanece abierta y receptiva a las señales de
tu bebé. Si tu horario y el suyo no coinciden,
siempre será más fácil adaptar el tuyo que
tratar de cambiar la naturaleza del bebé.

Consejo #33

Nunca dejes a tu bebé "llorando a gritos."
Si lo dejas, él estará aprendiendo varias cosas:
la angustia no lleva a la consolación, no se
puede confiar o depender de mamá y
la supervivencia no está garantizada pues
los que me cuidan no están cerca cuando
los necesito.

Consejo #34

Una gran parte de tus necesidades son dejadas de lado cuando tienes un bebé. Tú eres más madura y puedes manejar mejor lo que es la abstinencia y la decepción. No esperes que él se sienta muy feliz de tener que esperar a que termines de hablar por teléfono para que lo atiendas.

Consejo #35

Si durante la primera semana en casa llegas a
recibir ayuda, deja que esa persona
se encargue de la casa mientras tú cuidas a
tu bebé.

Consejo #36

Si tus familiares o amigos quieren ayudarte, *déjalos que lo hagan.* Pídeles que cocinen, o que se encarguen del lavado y/o planchado de la ropa, que ordenen la sala de estar o que hagan las compras. Si son varias las personas que quieren llevarte comida, pídele a una de

(continúa)

ellas que haga de coordinadora. Así cada quien puede llamarla a ella en vez de llamarte a ti y ella podrá coordinar cuándo y qué cosa podrán llevarte. ¡De esta manera no recibirás siete lasañas!

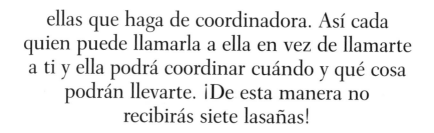

Consejo #37

Si estás amamantando y deseas poder hacerlo
en forma discreta, practica frente a un espejo
o delante de una amiga a la que puedas
preguntarle si se te ve algo. Viste ropa holgada
que permita al bebé un fácil acceso.

Consejo #38

El amamantar a tu bebé temprano y
frecuentemente desde su nacimiento,
estimulará la producción de leche.

Consejo #39

Responde a tu bebé sin temor a consentirlo demasiado. Para él, querer y necesitar es lo mismo. Este no es el momento de demostrarle "quién es el que manda."

43

Consejo #40

Alrededor de la última semana antes del parto, hazte un corte de pelo. Pasará un tiempo antes de que tengas otra oportunidad para hacerlo.

Consejo #41

Duerme cuando tu bebé duerma.
Resiste la fastidiosa idea de que deberías
estar concluyendo aquellas cosas que están
pendientes por hacer. Lo único que debes
estar haciendo es descansar.

Consejo #42

Duerme con tu bebé. No tiene sentido levantarse y salir de una cama tibia para caminar sobre un piso frío y tomar en brazos a un bebé que para ese entonces ya está histérico, para luego sentarte a alimentarlo. A esas alturas ya estarás completamente despierta, cansada y resentida por la pérdida de sueño mientras permaneces viendo cómo

(continúa)

46

avanza el reloj. Ten a mano una linterna, pañales, y agua para tomar. Al menos que el bebé esté muy incómodo y necesite que lo tomes en brazos para pasearlo, permanece en tu cama hasta el día siguiente. Te sentirás más descansada y podrás desempeñarte mejor como mamá.

Consejo #43

A algunos bebés les gustan los chupetes, a otros no. Darle un chupete está bien, siempre y cuando no lo uses como sustituto de tu atención y cuidados. Si tu bebé está amamantando es mejor que durante las primeras 3-4 semanas no le des a chupar

(continúa)

48

ningún tipo de chupete (incluyendo el de los biberones). La succión es diferente y podría confundirlo. Cuando un bebé tan pequeñito chupa, es necesario que esté recibiendo alimento.

Consejo #44

Yo me sentía feliz de ser el chupete de mi
bebé mientras lo amamantaba. Yo quería que
él supiese que las personas y no las cosas
podían hacerlo sentir mejor.

Consejo #45

Mantén las uñas de tus manos cortas.
Es muy fácil arañar al bebé sin que te des
cuenta. A él puedes cortarle las uñitas
mientras duerme.

Consejo #46

Simplifica tu vida desde antes que nazca tu
bebé. Renuncia a todo lo que puedas.
No temas decir -Una vez que llegue el bebé,
no cuenten conmigo.

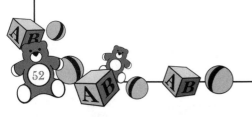

Consejo #47

Instala un teléfono cerca de tu cama y apágale la campanilla para que no suene. Podrás escucharlo cuando suene en otra parte de la casa y podrás contestar si fuera necesario o evitar hacerlo si estás ocupada con el bebé o simplemente quedándote dormida.

Consejo #48

Cómprate un cargador de tela suave y trata de que alrededor del primer mes tu bebé se acostumbre a estar en él. A la mayoría de los bebés les encanta y te permitirá tener las manos libres por algunos momentos. Aún así, ten cuidado cuando estés en la cocina cerca de la estufa y del agua hirviendo.

Consejo #49

Cuando el bebé logre mantener completamente firme su cabeza (alrededor del primer año) puedes llevarlo en una mochila a tus espaldas. Esta posición colocará sus ojos a la altura del mundo de los adultos. ¡Qué entretenido! Yo compré una adicional de segunda mano. De esta manera tenía una en casa y otra en el auto y así no tenía pendiente recordar llevarla de un lado para otro.

Consejo #50

Nunca te arrepentirás del tiempo que
le dediques a tus hijos. Éste pasará más
rápido de lo que piensas.

Consejo #51

Cuando te sientas al borde de la deses-
peración, piensa que esto también va a pasar.

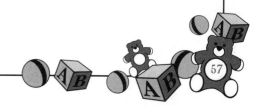

Consejo #52

Cultiva tu relación de pareja.
Mientras más profunda y estrecha sea,
más seguro estará tu bebé.

58

Consejo #53

Trata de que al acostarte estés en paz con tu pareja, tu bebé, y el mundo que te rodea. Dormirás mejor si los problemas ya han sido previamente resueltos.

Consejo #54

Busca buenas alternativas para que al final del día puedas relajarte. Amamanta a tu bebé, disfruta unos minutos de tranquilidad con tu pareja, habla con alguna amiga por teléfono o date un rico baño de tina mientras tu bebé duerme o tu pareja se encarga de él.

Consejo #55

Consíguete una cinta de música bailable suave, carga a tu bebé y al tiempo que tu pareja te abraza, bailen con luz tenue.

Consejo #56

Cultiva la amistad de aquellas mujeres que
alienten tus instintos maternales y evita aquellas que no lo hagan. Tú sabes bien quiénes
son éste último tipo de personas, aquellas que
te dicen que dejes al bebé llorar, o que lo dejes

(continúa)

62

a cargo de otra persona y que te tomes un crucero, que no lo cargues tanto, que no lo mezas para dormir, ¡ese tipo de personas!

Consejo #57

Formar buenos ciudadanos es una loable labor. La sociedad necesita de ellos, el mundo necesita de ellos y tus hijos también algún día necesitarán de dónde poder seleccionar personas felices y emocionalmente estables para casarse y formar sus hogares.

64

Consejo #58

Como madres, debemos tratar de no pasarles nuestras neurosis a nuestros hijos. Dejemos que ellos tengan las suyas. ¡Nosotras hemos trabajado duro para las nuestras!

Consejo #59

Tu doctor no ha recibido mayor entrenamiento que tú en lo que a paternidad se refiere. Él aprendió a sanar personas enfermas, no a formar niños felices y estables. Esto no significa que él no tenga algo valioso que aportar. Solo evalúalo como cualquier otro consejo que recibas.

Consejo #60

Háblale a tu bebé. Puede que no entienda
lo que dices, pero seguro que ama el sonido
de tu voz.

Consejo #61

Acostúmbrate a llevar a tu bebé en un cargador cuando vayas al supermercado. Las probabilidades son altas de que se sienta feliz y que tu podrás llevar a cabo tus compras con tranquilidad. En el caso de que el bebé llegue a ponerse quisquilloso, busca un lugar tranquilo para amamantarlo y luego resume tus compras. Será más fácil para los dos.

Consejo #62

Respóndele a tu bebé a medida que vaya balbuceando. Con esto le estarás proporcionando su primera lección de lenguaje hablado.

Consejo #63

Haz tus quehaceres fuera de la casa cuando el bebé se encuentre de buen ánimo. No salgas cuando estés cansada o hambrienta. Si tú te sientes bien, hay una gran probabilidad de que el bebé también se sienta bien y puedas entonces tener una salida agradable.

Consejo #64

Preocuparte de tu persona te ayuda a cuidar mejor a tu bebé. No te saltes comidas, ten a la mano una buena cantidad de bocadillos sanos, come muchas frutas frescas y vegetales y toma agua o jugos cuando tengas sed.

Consejo #65

Sin importar lo cansada o enojada que te encuentres, trata de que tus reacciones y respuestas sean amables. Esto ayuda.

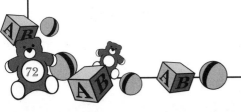

72

Consejo #66

La primera experiencia de amor de tu bebé
eres tú. Trata de ser para él tal como te
gustaría que fuera tu propia experiencia.
Te gustaría tener a alguien que te amara
incondicionalmente, sin importar tu estado de
ánimo. Tu querrías a alguien que fuera

(continúa)

confiable, predecible, estable, amable y alegre.
Necesitas presentarle a tu bebé el tipo de
amor que será sano tener cuando sea adulto.

Consejo #67

Aún cuando el comienzo no haya sido del todo perfecto las cosas pueden tornarse en algo mejor. No te desalientes si éstas no salen como las planeaste. Acepta, adáptate, reorganiza, ámate a ti misma y sigue adelante.

Consejo #68

Si planeas realizar un viaje y visitar personas que tu crees no están de acuerdo con tu forma de ser como mamá, ten preparadas previamente algunas respuestas para aquellas críticas o preguntas que pudieran hacerte. Dispón de algún tiempo para conversar con una amiga que te pueda hacer

(continúa)

posibles comentarios sobre tu manera de pensar
para que así puedas decidir qué responder.
Es posible que el estar preparada te evite pensar
posteriormente "desearía haber dicho..."
(o "¡desearía *no* haber dicho...!").

Consejo #69

Si hay personas que realmente te están presio-
nando para que hagas algo que tu sientes que
no es correcto, puedes decirles -Esto es lo que
funciona para mí. -Dilo una y otra vez y
ellos finalmente se darán por vencidos en
su insistencia.

Consejo #70

Disfruta el momento presente. Tendemos a vivir en el futuro, planificando y pensando "cuando el bebé esté durmiendo lo que haré es...," "cuando el bebé esté caminando yo...," "cuando el bebé tenga 10 meses seguro que ya

(continúa)

estará...." Entrénate para vivir el presente.
Este maravilloso momento pasará muy
rápido y nunca más volverá. Relájate y
disfruta a tu bebé.

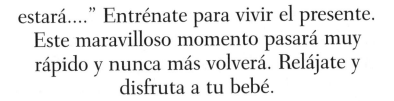

Consejo #71

Tu has nacido con un instinto maternal,
pero éste realmente se desarrolla en la medida
en que tú y tu bebé crezcan juntos, se amen
el uno al otro, y traten de complacerse
mutuamente.

Consejo #72

La madre usualmente es la que define el tipo de ambiente que existe en el hogar. Si tú estás de mal humor, hay muchas probabilidades de que pronto el resto de la familia también lo esté. No tienes que fingir y esconder todos tus sentimientos cuando estés pasando un mal día,

(continúa)

82

pero quizás deberías considerar las consecuencias de hacer que tu mal humor sea evidente a tu familia. No suena justo, lo sé, pero así son las cosas.

Consejo #73

Haz lo que puedas para tener una cara alegre.
Seguramente quieres que tus hijos sientan
que su madre es básicamente una persona
feliz. Ellos tienden a ver a los adultos como
seres muy serios y llenos de preocupaciones.
Una forma muy desalentadora de ver
la edad adulta.

Consejo #74

Podrás leer todos los libros que quieras sobre cómo ser padres y cómo educar a tus hijos, pero el observar y responder a tu hijo es el mejor entrenamiento. Tu bebé nunca leyó ninguno de esos libros así como ninguno de esos autores conoció a tu bebé.

Consejo #75

Si tus amigas llaman para ofrecerte su ayuda,
trata de distribuirla entre los primeros meses.
Cuando tu bebé tenga dos meses todavía
necesitarás un par de manos extras.

Consejo #76

La maternidad vivida por segunda vez es mucho más fácil. Ya te has despojado de todas tus ideas preconcebidas, y puedes relajarte y atender a ese ser único que es tu bebé.

Consejo #77

De todas las criaturas, los bebés humanos son
los más dependientes y por un período mayor
de tiempo. No hubiéramos sobrevivido como
especie si en la época de la prehistoria las
madres hubieran dejado a sus hijos durante la
noche en alguna parte olvidada de la caverna

(continúa)

o los hubieran dejado solos por largos ratos durante el día. Es cierto que ahora tenemos los medios para separarnos de nuestros hijos, pero es algo que todavía sigue afectando a madre e hijo, ya que biológicamente no hemos sido creado para ello.

Consejo #78

Tu pareja no va a manejar al bebé igual que tú. Por un lado, esto te volverá loca. Por el otro, el bebé tendrá una relación diferente con su papá y el bebé aprenderá a usar con su padre signos y señas diferentes a las que usa contigo. Mientras el bebé sea cuidado con

(continúa)

90

amor y no se le deje abandonado llorando
desconsoladamente, estas diferencias
están bien. Aún así, esto puede ser difícil
de aprender para ti como mamá.

Consejo #79

En lo que respecta al trabajo de la casa,
baja tu nivel de exigencia.

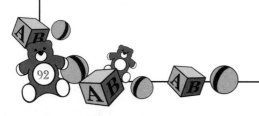

Consejo #80

El primer bebé de una familia es alguien
verdaderamente valiente al ser el primero en
llegar y mostrarle a su madre cómo hacer
las cosas.

Consejo #81

No te excuses ante los demás por las condiciones en que se encuentre tu casa. Tu estás cuidando a tu bebé lo cual es el trabajo más importante que puedes hacer. Si alguien te critica, acéptalo. Solamente di -Tienes razón,

(continúa)

94

¡la sala de estar es un completo desastre!-
Así no le das la satisfacción de hacerte sentir
culpable y es posible que hasta te deje
tranquila y no te critique más.

Consejo #82

Hasta que no tengas un bebé, no tendrás idea
de lo mucho que puedes amar a alguien.

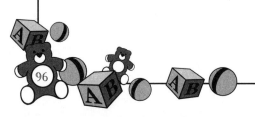

Consejo #83

Lo primero que el bebé aprende no es el amor, sino la confianza. Él aprende que puede confiar en su madre y en su padre para que cubran sus necesidades. Si tú logras establecer esta confianza durante la infancia, ésta perdurará cuando tu bebé sea un adolescente.

Consejo #84

No hay nada más difícil que enseñarle a un niño que venga a ti cuando esté en problemas.

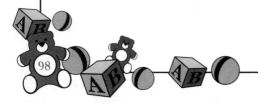

Consejo #85

Tú no "pierdes tu identidad" por ser
"solo mamá." Te ganas toda una nueva.

Consejo #86

Tú no estás tan sólo formando un niño,
estás formando la madre o el padre de tus
futuros nietos. Si logras ahora establecer un
buen ejemplo, tendrás menos cosas que
corregir después.

100

Consejo #87

Trata de recordar lo que era sentirse pequeño y desvalido. Actúa con tu bebé de la misma manera como fuiste criado o como hubieras deseado que fueras criado.

101

Consejo #88

El ser madre es una oportunidad para transmitir las cosas buenas que tus padres te dieron a ti. Es también una oportunidad para evitar cualquier mal hábito que hubieses observado en ellos.

Consejo #89

Los problemas y frustraciones aparecen cuando después de que tu bebé haya nacido, intentas llevar la misma vida que llevabas antes de que naciera.

Consejo #90

Haz las cosas lo mejor que puedas y luego despreocúpate. Todas luchamos para lograr lo ideal en la limpieza de la casa, en la preparación de la comida para nuestra familia o en las relaciones interpersonales, pero lo "ideal" raramente es alcanzable. No te castigues por ello.

Consejo #91

Los bebes y los niños necesitan cuidados en forma intensiva e individual. Si reciben esto, ellos crecerán sanos y serán personas felices con un alto nivel de amor propio.
Será un placer ser sus padres y compartir su compañía.

Consejo #92

Si en algún momento ya no puedes más, pásale el bebé a tu pareja y sal a tomar un poco de aire, o date una ducha o haz cualquier otra cosa que pueda ayudar a que te relajes. Si te encuentras sola, pon al bebé en su porta-bebé y sal a dar un paseo. El aire fresco puede ser de gran ayuda para disipar el enojo.

Consejo #93

Si te comienzas a sentir de mal humor, hazte rápidamente un chequeo: ¿Estaré cansada? ¿Tendré hambre? ¿Estaré esperando algo irreal de mi bebé? ¿Me sentiré encerrada y necesitaré dar un paseo? ¿Tendré los síntomas de una gripe? El identificar la fuente de tu irritabilidad es la manera más rápida de deshacerte de ella.

Consejo #94

Si tu bebé o tu niño se despierta llorando,
quizás no se encuentre todavía listo para
despertar. Aliméntalo o mécelo para que
se vuelva a dormir y así pueda completar
su descanso.

Consejo #95

Si sabes que en algún momento específico del día tu bebé se pone quisquilloso, trata de dejar ese tiempo libre de ocupaciones para que puedas atenderlo. Por ejemplo, prepara la cena en la mañana y guárdala en el refrigerador o ten listo algunos bocadillos sencillos

(continúa)

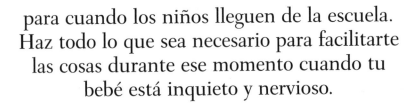

para cuando los niños lleguen de la escuela.
Haz todo lo que sea necesario para facilitarte
las cosas durante ese momento cuando tu
bebé está inquieto y nervioso.

Consejo #96

Si llevas a tu bebé a una fiesta o a alguna reunión familiar o de otro tipo, no tienes por qué dejar que todo el mundo lo tome en brazos. No te sientas cohibida. Esta es una decisión estrictamente tuya. Cuando alguien te pregunte si puede cargar tu bebé, siempre

(continúa)

le podrás decir -Creo que ya ha tenido suficiente. Lo tendré aquí conmigo. Gracias de todas maneras- o -No he terminado con él todavía-. Tu lealtad es para con tu bebé, no para la tía abuela Nancy o tus bien intencionadas y cariñosas amistades.

Consejo #97

Recibir como regalo una contestadora
telefónica es algo excelente. Úsala cuando
estés ocupada con el bebé y no quieras
contestar.

Consejo #98

No descuides tu parte espiritual. Aparta un
momento del día para centrar tu espíritu.

Consejo #99

Necesitamos enseñar con nuestro ejemplo
las lecciones que queremos que nuestros
niños aprendan. Es importante que un niño
experimente lo que es la ecuanimidad,
la consideración, la paciencia, y la alegría para
que pueda poseer estos atributos cuando
sea adulto.

Consejo #100

Cuando el bebé se encuentre listo para
lanzarse a hacer algo como dejar la lactancia,
dormir toda la noche, caminar, hablar, dejar
de usar pañales, no podrás pararlo. Asimismo,
si no está listo, no lo podrás obligar.
Bueno, podrás hacerlo pero más tarde
pagarás las consecuencias.

Consejo #101

"No importa cuánto avance el mundo tecnológicamente, las decisiones sobre cómo usar esa tecnología siempre estarán en manos de personas. Es por eso que el tipo de personas que produzcamos será crucial para determinar el rumbo que

(continúa)

tome el mundo. Se sabe que un niño cuidado y amado es la más importante contribución que cualquiera de nosotros puede hacer para el desarrollo de la humanidad."

— Marian Tompson,
Cofundadora de La Liga de la Leche Internacional

118

Más información de interés

Las siguientes publicaciones pueden ser adquiridas a través del catálogo de La Liga Internacional de la Leche. Para solicitar más ejemplares de *Sabiduría materna* o pedir el catálogo en forma gratuita, llame al 1-800-LALECHE o en su lugar, a servicios al consumidor al teléfono 847-519-9585 (en inglés solamente).

El Arte femenino de amamantar
por La Liga Internacional de la Leche
Esta decisiva guía te entregará cálida y práctica información sobre el arte de amamantar que te será de gran apoyo

Amamantar sencillo y puro
de Gwen Gotsch
(La Liga Internacional de la Leche, 1994)
Como nueva mamá, este libro te introducirá de una manera sencilla en el amamantamiento durante los primeros meses.

¿Por qué debería amamantar a mi bebé?
de Pamela Wiggins
Este libro, conciso y fácil de leer, es una maravillosa introducción a los aspectos básicos del amamantamiento.

Nuevo comienzo
Esta edición cuatrimestral es publicada en Colombia. Incluye historias de madres que han vivido la hermosa experiencia de amamantar, además de otros artículos interesantes.

Sobre La Liga Internacional de la Leche

Durante 40 años, La Liga Internacional de la Leche se ha comprometido a ayudar mundialmente a madres en el arte de amamantar a través de apoyo, estimulación, información y educación de mamá a mamá, promoviendo además un mejor entendimiento de lo que significa amamantar y la importancia de este elemento para el sano desarrollo del bebé y la madre. Los grupos de LLL se reúnen mensualmente en comunidades en todo el mundo, proporcionando a la mujer un lugar para compartir sus experiencias sobre el amamantamiento, adquirir mayores conocimientos y obtener el apoyo que puedan necesitar en esta etapa de la maternidad.

Llama al 1-800-LALECHE para solicitar un catálogo en forma gratuita (en inglés solamente), para recibir apoyo sobre el amamantamiento o para averiguar sobre algún grupo de LLL cerca de ti. O si prefieres, puedes escribir a La Liga Internacional de la Leche, 1400 North Meacham Road, Schaumburg IL 60173 USA o visitar nuestra página web: www.lalecheleague.org/